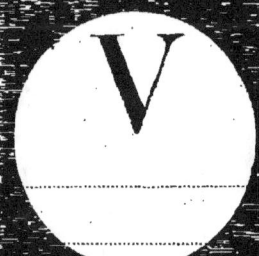

EXPLICATION DES PEINTURES, SCULPTURES,

ET AUTRES OUVRAGES
DE MESSIEURS
DE L'ACADÉMIE DE S. LUC,

DONT l'Expofition fe fera le 25 Août 1764 dans l'Hôtel d'Aligre, où étoit anciennement le Grand Conseil, rue Saint-Honoré, fous les aufpices de M. DE VOYER DE PAULMY, COMTE D'ARGENSON, ancien Miniftre & Secrétaire d'Etat, ayant le département de la Guerre, Surintendant général des Poftes & Relais de France, Grand-Croix de l'Ordre Royal & Militaire de S. Louis, Protecteur. Et de M. le Marquis DE VOYER D'ARGENSON, Lieutenant Général des Armées du Roi, & Lieutenant Général pour Sa Majefté en la Province d'Alface, Gouverneur de Vincennes & de Romorentin, Vice-Protecteur.

A PARIS,
De l'Imprimerie de LE BRETON, premier Imprimeur ordinaire du Roi, & ordinaire de l'Académie de Saint-Luc.

M. DCC. LXIV.

IL en est de la Peinture comme de tous les Arts de Génie; destinés aux plaisirs de la Nation, ils sont les monumens de la gloire: heureux fruits de l'abondance & de la Paix, ils constatent à la fois le bonheur du Peuple chez lequel on les voit fleurir, & la grandeur du Monarque qui les gouverne.

Voilà l'idée générale qu'on doit avoir des Arts, qui n'étant point d'une nécessité absolue, ont été nommés par cette raison, Arts agréables.

Disons à présent un mot de l'esprit dans lequel on a établi l'usage de former de tems à autre ces Salons publics de Peintures.

L'Académie de Saint-Luc jouissant par la faveur de nos Rois du titre d'École publique, a cru ne pouvoir mieux mériter la confiance dont ils ont bien voulu l'honorer, qu'en rendant un compte authentique de la capacité des différens Membres qui la composent.

Les Artistes d'ailleurs qui, sous la protection du Gouvernement, jouissent du privilege d'exposer aussi périodiquement leurs Ouvrages, trouvent dans ces concours d'émulation un avantage qui ne peut que tourner au profit de leur Art, & contribuer à ses progrès. Par ces Expositions, chaque Artiste est à-portée de découvrir dans l'ouvrage de son Emule quelques parties souvent essentielles, qu'il avoit ignorées ou négligées dans le sien; il n'est point de leçon meilleure que celle-là. C'est ainsi que loin du poison de l'envie, chacun s'éclaire mutuellement; alors le génie s'échauffe, la sphere des idées s'aggrandit, les efforts redoublent, & l'Art se perfectionne.

Dans les jugemens particuliers que la passion & le caprice déterminent presque toujours, la critique est trop amere & souvent injuste, ou la louange est trop outrée; l'une chagrine & décourage un Artiste, l'autre l'aveugle: ce n'est que dans les sentimens réunis du public qu'on peut trouver ce goût sûr, cette justesse, & cette équité qui le caractérisent toujours. Si sa sévérité éclaire en encourageant, son indulgence seme des fleurs sur la route pénible qu'on n'entreprend que pour lui plaire. Tout Artiste enfin doit regarder ce même Public comme son juge, sa critique comme son guide, & son suffrage comme sa plus chere récompense.

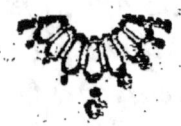

EXPLICATION

DES

PEINTURES,

SCULPTURES,

ET AUTRES OUVRAGES

DE MESSIEURS

DE L'ACADÉMIE DE S. LUC.

PEINTURES.

Par M. PAULMIER, *Directeur.*

N°. 1. Aint Pierre pénitent, Tableau de 2 pieds 6 pouces de haut sur 2 pieds.
Un Enfant jouant avec un Oiseau, Tableau de 21 pouces sur 17.

A iij

PEINTURES.

Par M. MERELLE, Recteur.

2 Venus sur un nuage qui présente à Enée les Armes forgées par Vulcain, pour combatre Achille au siege de Troye; Tableau de 2 pieds 6 pouces de haut sur 2 pieds de large.

3 Une Bergere qui joue de la Musette; Tableau de 2 pieds de haut sur 19 pouces de large.

4 Sainte Anne qui montre à lire à la sainte Vierge; Tableau de 2 pieds de haut sur 1 pied 6 pouces de large.

5 Une Tête de Sultane; Tableau d'un pied 6 pouces de haut sur un pied 2 pouces de large.

6 Le Portrait de M. l'Abbé de ***.

Par M. DUMESNIL le jeune, Professeur.

7 Deux Tableaux de chacun 15 pouces de large sur un pied de haut; l'un représente une Cuisiniere revenant du marché; l'autre, un Garçon Marchand de Vin rinçant des Bouteilles.

8 Un Trophée de Musique; Tableau d'un pied de large sur 9 pouces.

PEINTURES.

Par M. CHARLES EISEN, Professeur.

9 Sainte Genevieve assise dans la Campagne faisant la lecture : ce Tableau est destiné pour la Chapelle d'un Château ; il porte 6 pieds de haut sur 4 pieds de large.
10 L'Enlevement de Proserpine.
11 Plusieurs Desseins à la mine de plomb, & lavé à l'encre de la Chine, représentant différens Sujets, sous le même N°.

Par M. BONNET DANVAL, Professeur.

12 S. Philippe de Néry : Tableau fait pour une chapelle des PP. de l'Oratoire de Paris ; il porte 6 pieds de haut sur 4 pieds de large.

Par M. LEFEVRE, Professeur.

13 Plusieurs Portraits sous le même N°.

Par M. CORREGE, Adjoint à Professeur.

14 Vénus arrêtant Enée qui veut tuer Hélene dans le Temple de Vesta : Sujet tiré

PEINTURES.

de Virgile. Tableau de 7 pieds sur 5 pieds ½.

15 Armide qui veut tuer Renaud endormi; Tableau de 6 pieds sur 5 pieds.

16 Herminie, Reine d'Antioche, qui donne des Bijoux à des Bergers pour obtenir une retraite chez eux: Tiré de la Jérusalem du Tasse. Tableau de 7 pieds sur 5 pieds.

17 Une Esquisse représentant l'Adoration des Bergers, de 2 pieds ½ sur 1 pied ½.

Par M. TIERSONIER, *Adjoint à Professeur.*

18 Des Matelots qui dans un naufrage invoquent S. Nicolas; Tableau de 7 pieds ½ de haut sur 5 pieds 8 pouces de large: il est destiné pour l'Eglise de Notre-Dame de Paris.

Par M. LE NOIR, *Adjoint à Professeur.*

19 Le Portrait de M. le Kain, faisant le rôle d'Orosmane. Ce Tableau peint en pastel, porte 3 pieds 7 pouces de haut sur deux pieds 9 pouces de large.

20 Le Portrait de M. de Voltaire peint en pastel, d'un pied 10 pouces sur un pied 6 pouces.

PEINTURES.

21 Le Portrait de M. Moreau, premier Chirurgien de l'Hôtel-Dieu de Paris, peint en pastel.
22 Un Portrait sous l'habit Turc, peint à huile.
23 Le Portrait d'une Dame tenant un portefeuille & un porte-crayon, peint à huile.
24 Un Peintre, la palette à la main.
25 Plusieurs Portraits sous le même N°.

Par M. DAGOMER, *Adjoint à Professeur.*

26 Un Tableau représentant le désordre d'un Poulailler.

Par M. CHARPENTIER, *Conseiller.*

27 Une Bouquetiere; Tableau de 2 pieds 4 pouces sur un pied 8 pouces.
28 Un autre Tableau de même grandeur, représentant un jeune Garçon qui donne à manger à des Oiseaux.
29 Deux Têtes d'Etude.

Par M. MARTIN, *Conseiller.*

30 Saint Hypolite, Chevalier Romain, baptisé par Saint Laurent; le Chevalier qui

avoit la garde des Chrétiens, voyant les Miracles que faisoit Saint Laurent dans la Prison, embrassa la Religion Chrétienne. Ce Tableau destiné pour l'Eglise Paroissiale sous l'invocation de ce Saint, est un don de M. de Julienne : il porte 10 pieds 2 pouces de haut sur 9 pieds 2 pouces de large.

31 Une Esquisse d'une Bataille dessinée au Bistre, de 2 pieds de haut sur 3 pieds de large.

32 Un Couronnement d'Epine ; Esquisse de 3 pieds de haut sur 2 pieds 5 pouces de large.

33 Une autre Esquisse représentant l'Adoration des Pasteurs, de 2 pieds de haut sur un pied 6 pouces de large.

Par M. GARAND.

34 Un Portrait de femme en pied, peint en miniature.

35 Un Buste d'homme.

36 Le Portrait de M. le Procureur du Roi, dessiné au crayon noir.

37 Le Portrait de Mademoiselle Arnoult en Psyché.

38 Plusieurs autres Bustes & Desseins sous le même N°.

PEINTURES.

Par M. CHEVALIER, *ancien Adjoint à Professeur.*

39 Plusieurs Portraits sous le même N°.

Par M. VIGÉE, *ancien Adjoint à Professeur.*

40 Le Portrait de M. le Lieutenant Général de Police.
41 Le Portrait de Madame son épouse.
42 Le Portrait de M. son fils à l'âge de trois ans.
43 Le Baisé donné & le Baisé rendu, peints à huile, Contes de la Fontaine. Ces deux Tableaux sont tirés du cabinet de M. Boucher, Secrétaire du Roi.
44 Plusieurs Portraits sous le même N°.

Par M. DELEPINE, *ancien Adjoint à Professeur.*

45 Deux Tableaux peints à gouazze; l'un représente un Pâtissier; & l'autre un Cabaretier: sujets de nuit.

PEINTURES.

Par M. POUGIN DE SAINT-AUBIN.

46 Plusieurs Portraits sous le même N°.

Par M. L'ALLEMAND.

47 Deux Vues de Naples ; dans l'une, le Château des Carmes, & le Mont-Vesuve dans l'éloignement ; dans l'autre, la Vue de Pansillippe.

48 Une Vue de la Rotonde de Rome.

49 Une Vue de la Place de la Bouche de la Vérité. Ces deux Tableaux portent chacun 22 pouces de large sur 17 pouces de haut.

50 Un Paysage avec Architecture, dans lequel on voit l'effet d'un coup de Tonnerre. Tableau tiré du cabinet de M. de Marcenay de Ghuy : il porte 18 pouces de haut sur 23 pouces de large.

51 Un Paysage dans lequel on voit des Chasseurs poursuivant un Cerf qui s'est jetté à l'eau : Tableau de 2 pieds 9 pouc. de haut sur 3 pieds 8 pouces de large.

52 Deux autres Tableaux de Paysage & Architecture, aussi avec figures ; dans l'un est représenté un Orage ; & dans l'autre un Soleil couchant, de chacun
2 pieds

PEINTURES.

2 pieds 10 pouces de haut fur 3 pieds 7 pouces de large.

53 Deux Payſages de chacun 2 pieds de de haut ſur 18 pouces de large : dans l'un on voit des Gens qui ſe chauffent ; & dans l'autre, des Femmes qui ſe baignent.

54 Deux Tableaux d'Architecture, dont un repréſente une ruine du temple d'Hercule.

55 Un Abreuvoir & un Repos d'Animaux.
Ces ſept derniers Tableaux appartiennent à l'Auteur.

56 Pluſieurs Tableaux peints à gouazze.

Par M. CHEVALIER.

57 Un Payſan effrayé d'un coup de Tonnerre, fuyant avec ſa famille.

Par M. JACQUINET.

58 Un Tableau de Fleurs de 2 pieds 9 pouces de haut fur 2 pieds 3 pouces de large.

59 Un autre petit Tableau d'un pied 10 pouces de large ſur 18 pouces de haut, repréſentant des Fruits, & un Gobelet dans lequel il y a des Fleurs.

60 Une Eſquiſſe de 2 pieds de haut ſur 18 pouces de large, repréſentant des Buffets de ſalle à manger.

Par M. BERNON.

61 Un petit Tableau, peint sur cuivre, représentant le Jeu du Sifflet. Il a été donné par l'Auteur à l'Académie.

62 Un autre, peint sur cuivre, représentant un Vieillard disant la bonne Aventure à une jeune Fille.

Par M. RAPHAEL BACCHI.

63 Deux petits Tableaux, peints en miniature; l'un représente la Pensée, l'autre Cléopatre qui va faire dissoudre la Perle.

Par M. LE DUC.

64 Alexandre le Grand, après avoir tué Clitus, au sortir d'un repas où il l'avoit invité avec d'autres Généraux, reconnoît l'énormité de son crime; alors s'abandonnant au désespoir, il arrache le javelot du corps sanglant de Clitus, & veut s'en frapper, mais il en est empêché par ses Gardes. Ce Tableau porte 10 pieds 6 pouces de haut sur 8 pieds 6 pouces de large.

PEINTURES.

65 La Chaste Susanne ; Tableau de 7 pieds 6 pouces de haut sur 5 pieds 6 pouces de large.
66 Bacchus & Arianne dans l'Isle de Naxe ; Tableau de 7 pieds de haut sur 4 pieds 7 pouces de large.
67 Saint André ; Tableau de 3 pieds 7 pouces de haut sur 2 pieds 9 pouces de large.
68 Plusieurs Têtes d'Etude. *Tous ces Tableaux sont à l'Auteur.*

Par M. MOREAU.

69 Un Paysage de 20 pouces de large sur 12 de haut.
70 Un Tableau d'Architecture : il porte 13 pouces de large sur 10 de haut.
71 Un autre Tableau de Paysage & Architecture, donné par l'Auteur à l'Académie pour sa réception.
72 Une Perspective destinée à faire un fond de Jardin : ce Tableau porte 11 pieds 4 pouces de haut sur 8 pieds de large.
73 Deux Desseins d'Architecture, l'un représentant l'intérieur d'un Palais, l'autre un Vestibule sous le même N°.

Par M. DAVESNE.

74 Diane & Endimion ; Tableau oval de

5 pieds de haut sur 6 pieds de large : il a été donné à l'Académie par l'Auteur pour sa réception.

75 Les Portraits de M. & Madame Berard, de la Comédie Italienne.

76 Le Portrait de Mademoiselle Collet, de la Comédie Italienne.

77 Madame & Mademoiselle * * * peintes au pastel.

78 Une Tête d'Etude peinte à huile, représentant un jeune Savoyard.

79 Plusieurs Têtes d'Etude.

Par M. NICOLET.

80 Un Tableau, représentant un Sacrifice à Cerès, donné à l'Académie par l'Auteur pour sa réception.

81 Une Boudeuse.

82 Un petit Tableau, représentant des Fruits.

83 Un petit Tableau de forme ovale, représentant un Enfant, d'après François Flamant.

84 Un Tableau de pareille forme, représentant le Portrait de Mademoiselle ***.

85 Le Portrait de Mademoiselle Duransy, peinte en Diane partant pour la Chasse.

Par M. Duplessis, *Aggregé.*

86 Monseigneur l'Evêque de Tréguier.
87 M. Gerbier, Avocat.
88 M. Majault, Docteur en Médecine.
89 Le Portrait de M. ***, Procureur au Châtelet & de l'Académie de S. Luc.
90 Madame le Noir.

Par M. Olivier.

91 Le Portrait de Madame son Epouse, peint à huile.

Par M. Vattier.

92 Le Portrait de M. l'Abbé Rameau, tenant un livre de musique.
93 Plusieurs autres Portraits sous le même N°.
94 Plusieurs Desseins de Paysage.

Par M. Crepin, *Aggregé.*

95 Deux Tableaux de Paysage, tirés du cabinet de M. Blondel de Gagny.
96 Deux autres Paysages.

PEINTURES.

Par M. BOURGOIN, *Aggregé.*

97 Une Nativité peinte en émail.
98 Plusieurs Portraits, tant en émail qu'en miniature.

Par Mademoiselle OZANNE.

99 Deux Portraits peints en Pastel.

Par M. DUMONT, *Architecte, des Académies de S. Luc de Rome, de Florence & de Boulogne.*

100 Plusieurs Desseins, sous le même N°.
101 Le Plan & l'Elévation d'un Temple antique, trouvé dans l'ancienne ville de *Pestum.*
102 Les Vestiges d'une partie de Galerie du Collisé, Amphithéâtre oval, qui a été bâti à Rome par Vespasien.

SCULPTURES.

Par M. SUZANNE, Professeur.

103 Le Portrait de Mademoiselle ***.
104 Une Esquisse, représentant la Justice.

Par M. SCHEEMAKERS, Professeur.

105 Un Enfant jouant avec des Cerises & un Papillon.
106 Deux Esquisses, l'une représentant la Prudence, & l'autre le Plaisir.
107 Dix Desseins de différens Vases à la Romaine, sur la même Feuille.
108 Des Desseins de Chaire à prêcher.
109 Un Dessein d'Architecture de 3 pieds de large, projet du Palais du Roi d'Angleterre, qui doit être bâti sur le terrein où est le Palais de Saint-James à Londres.

Par M. DE LA RUE, Professeur.

110 Un Bas-relief en plâtre, représentant

la Peinture par des Enfans qui travaillent audit Art.

111 Un Deſſein de 19 pouces ſur 25, repréſentant Ptolomée, Roi de Macédoine, qui après avoir épouſé Arſinoé ſa ſœur, fait égorger à ſes yeux les deux enfans qu'elle avoit eu de ſon premier mari.

112 Pluſieurs autres Deſſeins.

Par M. BOCCIARDI, *Profeſſeur*.

113 Une Figure accroupie qui ramaſſe des coquilles au bord de la mer, exécutée en marbre, de 22 pouces de proportion, tirée du Cabinet de M. de Billy.

Par M. ATTIRET, *Profeſſeur*.

114 Annibal étant chez le Roi Pruſias qui alloit le livrer aux Romains, ſe diſpoſe à prendre le poiſon qu'il portoit toujours avec lui. On a pris l'inſtant où il fait des imprécations contre les Romains, & contre la lâcheté de Pruſias, ſon hôte & ſon ami. *Hiſt. anc.*

115 Les Portraits en buſte de trois perſonnes de diſtinction, qui doivent être exécutés en marbre.

SCULPTURES.

116 La Tête d'un Philosophe.
117 Une autre petite Tête de caractere.
118 La Figure d'un jeune Bacchus qui joue avec des raisins.
119 Une petite Esquisse représentant une Femme sortant du bain.
120 Une Tête d'Amour en acte de desir, appartenante à M. de Nonville.

Par M. MURAT, Professeur.

121 Un Modele en plâtre représentant Eole, Dieu des Vents.
122 Un Modele en terre, représentant une jeune Amante pleurant sur le tombeau de son Amant.
123 Projet de Fontaine en terre cuite, représentant Neptune qui vient arroser la Terre.
124 Plusieurs Portraits.
125 Un Modele représentant Flore.

Par M. CHENU, Adjoint à Professeur.

126 Un Portrait en terre cuite.
127 Une Tête d'Enfant.

Par M. MARTINCOURT, Adjoint à Professeur.

128 Thomiris, Reine des Scythes, ayant

défait le grand Cyrus, lui fit couper la tête, & la plongea dans un vase rempli de sang humain. Esquisse.

129 Un Enfant effrayé par un Serpent, exécuté en bronze, & donné par l'Auteur pour son morceau de Réception.

ADDITION
Aux Ouvrages de M^{rs}. les Académiciens.

Par M. BOISTON, Conseiller.

130 Une Figure en terre représentant Vulcain qui se repose sur son enclume. Ce morceau a été donné à l'Académie par l'Auteur pour sa Réception.

Par M. DE MARCENAY DE GHUY, Ecuyer, Peintre & Graveur, Honoraire, Associé libre, & Correspondant pour les Belles-Lettres & Beaux-Arts de Rouen.

131 Le Medaillon de Henri-le-Grand feint en marbre blanc, haut de 4 pouces $\frac{1}{4}$ sur 3 pouces $\frac{1}{2}$ de large.

132 Un Bas-relief imitant la terre cuite, représentant des Enfans qui reviennent de la

Chasse, large de 2 pieds 7 pouces, sur un pied 6 pouces de haut.
133 Le Portrait de Mademoiselle ***.
134 Un petit Buste d'Homme vêtu en Persan.
135 L'Amour fixé, Sujet allégorique, gravé d'après *Lebrun*, N° 18. de l'œuvre de l'Auteur.
136 Le Portrait d'un jeune Seigneur, gravé d'après *Vandick*. N°. 19.
137 Celui du célebre Sully, d'après *Porbus*. N°. 20.
138 Celui de Henri-le-Grand, d'après *Jannet*. N°. 21.

L'Auteur grave actuellement le Portrait de l'illustre Chancelier de l'Hôpital, dans le même format précédent ; s'il peut être terminé avant la fin du Sallon, il l'exposera.

Par M. HUTIN, *Adjoint à Professeur.*

139 L'Immaculée Conception : ce Tableau porte 6 pieds $\frac{1}{4}$ de haut, sur 3 pieds $\frac{1}{2}$.
140 Vénus & Adonis : Tableau de 3 pieds de haut, sur 4 pieds de large.
141 Un Tableau pour un plafond ; il représente le Soleil qui sort de son Palais accompagné des quatre Saisons, des douze Signes du Zodiaque, & des douze Mois de l'Année.

142 Vénus & Vulcain qui vont à l'autel pour se marier : Tableau de 3 pieds ½ de haut sur 2 pieds ¼ de large.

Par Mademoiselle NAVARRE.

143 Deux Portraits peints en pastel.

FIN.

Lû & approuvé. Ce 23 Août 1764. MARIN.

Vû l'Approbation. Permis d'imprimer. Ce 23 Août 1764. DE SARTINE.

www.ingramcontent.com/pod-product-compliance
Lightning Source LLC
Chambersburg PA
CBHW050037230526
45470CB00003B/1318